AF145971

TALKSHOW

GISELA LUDWIG

PRÄSENTATION

BAND 1

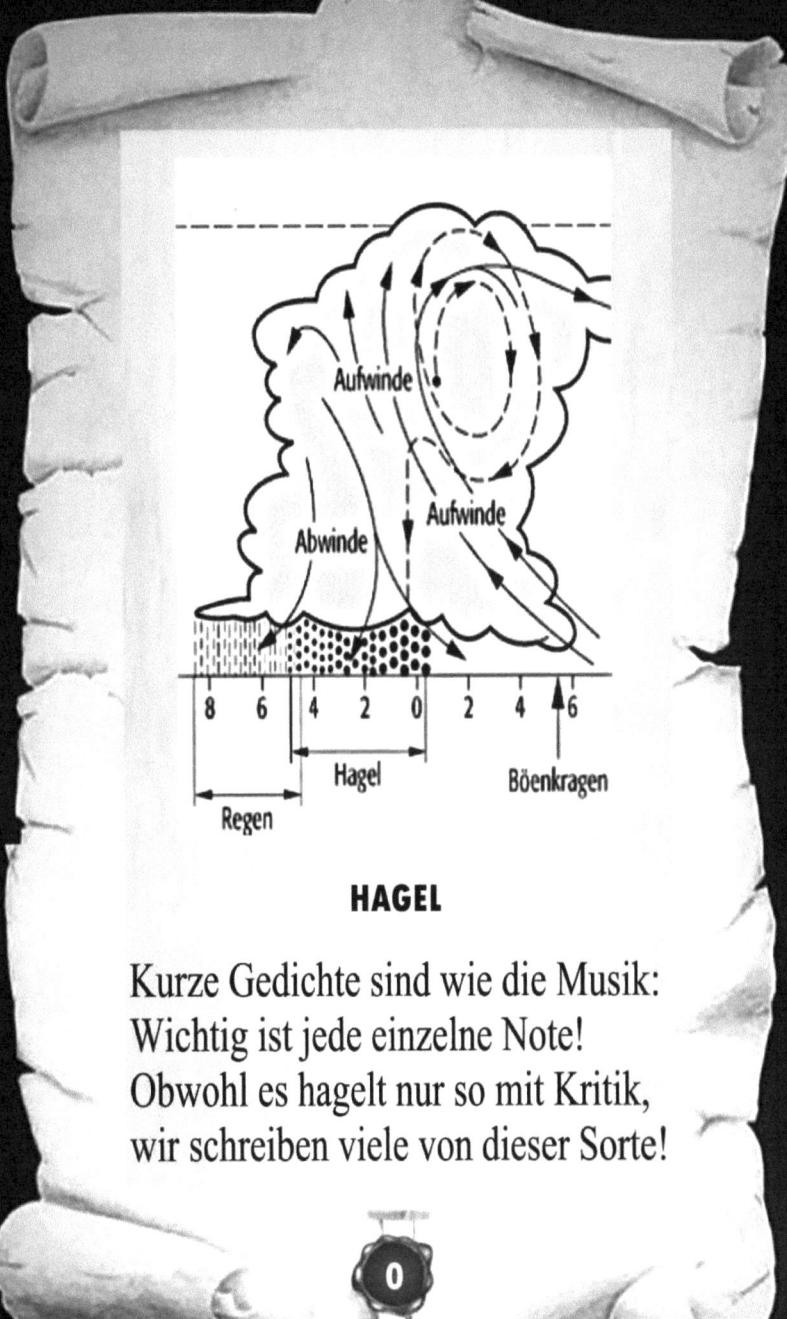

HAGEL

Kurze Gedichte sind wie die Musik:
Wichtig ist jede einzelne Note!
Obwohl es hagelt nur so mit Kritik,
wir schreiben viele von dieser Sorte!

INA MÜLLER

Die große Liebe gibt's nur einmal?!
Schade! Weil man das Hochgefühl so schön ist!
Manche "Liebe" wird eingestuft als suboptimal,
aber die wahre Liebe ist: was man nie vergisst!

RALPH CASPERS

Im Regenwald war kein Standesamt!
Ein genaues Geburtsdatum gibt es nicht!
Seine Erklärungen sind stets elegant,
mit Humor bringt er ins Dunkel, das Licht!

2

MARIE LUISE MARJAN

"Zur meinen Zeit gab es sowas gar nicht!"
Wer das glaubt, wird selig gesprochen!
Zugegeben, die Sitten waren damals strikt.
Doch gerade deswegen wurden sie gebrochen!

CHRISTIAN BERKEL

In unzähligen Filmen schon gespielt,
liest Hörbücher ein, ist Synchronsprecher!
Man weiß, dass er große Erfolge erzielt.
Als Bruno Schumann "jagt" er Verbrecher!

4

BARBARA SCHÖNEBERGER

Moderatorin, Schauspielerin, Sängerin!
Vielseitig! Mädchen für Alles beim Fernsehen.
"Jetzt singt sie auch noch" so die Wahlberlinerin.
Fragen nach Privatleben kann Sie nicht verstehen!

GERHARD DELLING

Tagesthemen, Wochenspiegel, Sportsendung!
All das, kann er unter einen Hut bringen!
Ironie und Sarkasmus, kommt zur Verwendung:
Günter Netzer kann davon " ein Lied singen"!

IRIS BERBEN

Vorlesungen haben Anziehungskraft!
Besonders, wenn das die Autorin macht.
Durch Ihre Präsenz eine Stimmung schafft,
was sehr große Begeisterung entfacht!

GUIDO MARIA KRETSCHMER

Geschenkte Nähmaschine war der Anfang!
Dann folgte das Modedesign Studium!
Proportionen und Eleganz als Blickfang,
den "Shopping Queen" verhelfen zum Ruhm!

8

BETTINA BÖTTINGER

Man kann sowieso nicht alles aufzählen:
West.art-Talk, Kölner Treff, B.trifft, B.sucht,
um nur die wichtigsten auszuwählen!
Sie hat auch das Bundesverdienstkreuz verbucht!

UWE OCHSENKNECHT

Er war Komparse am Mannheimer Theater.
Filme wie Das Boot, Schtonk! oder Männer,
machten aus Ihn keinen Senkrechtstarter!
Doch über 100 Filme mit Ihm, zählt der Kenner!

KIM FISHER

Follow me! Jetzt! oder Sein in Musikwelt,
sind nicht nur Lieder, sondern auch Philosophie!
Mit TV-Auftritte und Events, nur so wimmelt.
Sie ist viel zu lebendig, für eine Kategorie!

BASTIAN PASTEWKA

Die Wochenshow mit "Hallo, liebe Liebenden",
würde heute noch viel Beifall "kassieren"!
Es fällt mir schwer das Lebenswerk des Ehrenden,
auf vier Gedichts-Zeilen zu reduzieren!

MARIKA KILIUS

Rollschuhlaufen im zarten Kindesalter,
später erfolgreich im Paarlauf geworden!
Ein Schallplattenvertrag war vorteilhafter,
und danach die Filme, als Zugaben folgten.

13

PAUL PANZER

Blümchenhemd und Hornbrille, Rrrichtiiig!
Markenzeichen der markante Sprachfehler.
Einst war er "bester Newcomer"! Ist wichtig,
für jeden Comedian oder Entertainer!

CHRISTINE WESTERMANN

Alias "Kindergeburtstag für Prominente",
wurde die Sendung "Zimmer frei" ausgezeichnet!
Am Ende erlebt man bittere Momente:
mit "Falten" ist man für die Sendung ungeeignet!

CLAUS KLEBER

Klar dass, so viele Auszeichnungen Respekt schafft!
Allesamt für Publizistik, nicht für Jura!
Honorarprofessor für Medienwissenschaft.
Fortsetzung folgt: etcetera, etcetera!

LISA FITZ

Der Nachkommin einer Künstler-Dynastie,
der spätere Weg war klar vorgezeichnet!
Filme, TV-Shows, sehr lange Diskografie!
Sie wurde nicht umsonst oft ausgezeichnet!

ECKART von HIRSCHHAUSEN

Als Arzt in Praktikum mit Bühnenerfahrung,
einst stand er vor einer großen Karriere!
Jetzt kann ich verkünden die Mitteilung:
auf seinem Weg gibt es keine "Barriere"!

18

URSULA KARVEN

Einst Fotomodell, heute Schauspielerin,
leitet eine Schule für Yogalehre!
Die Übungen der Yoga-Botschafterin
wirken auf mich, egal wie ich mich wehre!

19

HELMUT KARASEK

Als Literatur Vize-Papst in der "Quartett",
hat Er als Kritiker einen Namen gemacht!
Als Geschichteerzähler ist humorvoll-nett,
denn "Humor ist, wenn man trotzdem lacht"!

20

ANNE WILL

Gelobt für Ihr Moderationstalent,
was auf eine breite Kompetenz beruht!
Bei der Diskussion ist Sie stets eloquent
und bei der Themenwahl beweist Sie Mut!

HENNING SCHERF

Zehn Jahre war er Bürgermeister in Bremen.
Seit dem der Präsident des Chorverbandes.
Er beschäftigt sich mit wichtigen Themen:
Die "Wahlfamilie" ist auch was Gescheites!

PAULA LAMBERT

"Frauen stehen auf schüchternen Jungs" sagt Sie,
als "die" Expertin für Zwischenmenschliches!
Sie erklärt uns: was und warum ist Sexy?!
Bringt viele Erkenntnisse mit, aus Los Angeles.

SEBASTIAN VETTEL

Er gewann vier Mal die Formel 1 WM
und war der Beste im Red Bull Racing Stall!
Beim Angebot neue Rennstall zu wählen:
Klar! Man wählt Ferrari im Zweifelsfall!

SENTA BERGER

Wien, Hollywood, München sind die ersten Stationen.
Dann kam die Karriere in Italien und Frankreich.
Zurück nach Deutschland! Erhielt Sie "Ovationen"!
Ihre darstellerisches Können ist Facettenreich!

JÖRG PILAWA

Mitarbeit bei Pro 7, Sat.1, ZDF und Das Erste,
gilt als "Weltenbummler" zwischen den Sendern!
Der nette "Quizonkel" verzaubert die Gäste,
was auch in der Zukunft wird sich nicht ändern!

DAGMAR BERGHOFF

Mit Tagesschau, Talk Show, Wunschkonzert,
war sie das Gesicht und die Stimme von ARD!
Computer-Programme passten Ihr ins Konzept.
Sie glaubt zu wissen wann wird sie sagen: Ade!

ULRICH WICKERT

Er nahm Abschied mit: "Einen angenehmen Abend"
und fügte hinzu „eine geruhsame Nacht"!
Seine Reportagen waren stets hervorragend,
das „laissez-faire" Gefühl glaubhaft überbracht!

KAY-SÖLVE RICHTER

Die Nachrichten kann man besser verstehen,
durch Ihre sympathische Art zu moderieren!
Von der Medientrainerin, muss ich gestehen,
hab ich endlich gelernt richtig zu formulieren!

JÜRGEN TRITTIN

"Fast" Gründungsmitglied der Grünen Partei,
wurde oft für seine Polemik kritisiert!
Er verteidigte die Meinungsfreit, nebenbei,
hat den Atomausstieg und Ökosteuer initiiert!

BETTINA SCHIMMELMANN

Als selbständige Redakteurin in LA,
hat sich als VIP Reporterin etabliert!
Sie begleitet das häufige Star-Defilee,
wovon humorvoll und souverän informiert!

HUBERTUS MEYER-BURCKHARDT

Werbespot-Gestalter und Fernsehproduzent,
später Aufsichtsrat-Mitglied und Vorstand!
Hochschulprofessor und Talkmaster in Moment,
leitet die Gesprächsrunde gekonnt, mit Verstand!

32

JUDITH RAKERS

Journalistin und Sprecherin der Tagesschau,
Talkshow 3 nach 9 und Song-Contest!
Sie wählt die Vielfalt! So sagt sich die Frau:
"das war das Beste, was Du machen konntest"!

GIOVANNI di LORENZO

In Rom besuchte er die Deutsche Schule,
dann folgte das Abitur in Hannover!
Wenn ich die Bilder mit Ihm "zurückspule",
er hat stets Anzug an, selten nur Pullover!

KRISTIN GESANG

Die Hessenschau und die Landespolitik,
außerdem Wahlen sowie Hochhaussprengung,
gehören zu der bevorzugten Thematik!
Bringen hohe Anschaltquoten bei Ihrer Sendung!

OLIVER GEISSEN

Zehn Jahre Talkshow bei Kölner RTL
und unter anderem: Die ultimative Chartshow.
Zwanzig Jahre Moderation vergingen schnell.
Neue Aufgaben bei DSDS stimmen Ihn froh!

SARAH KUTTNER

Der Spruch: "Der Apfel fällt nicht weit vom Stamm",
kann auf keinen Menschen viel besser passen!
Durch glänzende Moderation beim Kulturprogramm,
konnte sie die Konkurrenz weit hinter sich lassen!

PETER KOEPPEL

Bekannt durch Reportagen und Fernsehduell,
als Chefredakteur will er zurücktreten!
Bleibt Chefmoderator bei RTL-Aktuell,
so will er "zurückschrauben" die Aktivitäten!

38

MAREILE HÖPPNER

Journalistin und Event-Moderatorin:
Verliebt in Berlin, Riverboot oder Brisant!
Sendungen über Maradona oder die Queen,
waren äußerst unterhaltsam, amüsant!

REINHOLD BECKMANN

Erst freier Mitarbeiter beim WDR und dann,
Sendungen wie "ran" und "ranissimo" bei Sat1,
ebneten den Weg zu "15 Jahre Beckmann"!
Seine Sprache schnörkellos, ohne Firlefanz!

40

PETRA GERSTER

Sie ist das Gesicht der ZDF Nachrichten.
Wie bei Mona Lisa, das Lächeln geheimnisvoll!
Man will Ihr Schönheits-OP "andichten",
obwohl die "Grand Dame" ist nach wie vor, toll!

NORBERT BLÜM

Als Arbeitsminister, eine spannende Zeit:
"Die Renten sind sicher ", hat er gesagt!
Bei Problemen der Zukunft ist er nicht so weit:
da ist gemeinschaftliche Anstrengung gefragt!

BIRGIT von BENTZEL

Einst machte Sie Kinder- und Reisesendungen.
Schauspielunterricht nahm Sie Parallel!
Moderiert Galas, Events und auch Tagungen,
neben Sport bei n-tv und RTL-Aktuell!

RICHARD DAVID PRECHT

Er fordert eine echte Bildungsrevolution!
Die jetzige ist: "Verrat an unseren Kindern"!
Manche nennen es "realitätsferne Vision"
und wollen den "radikalen Umbau" verhindern!

SIBYLLE WEISCHENBERG

Die einstige "Grand Dame" der Yellow Press,
hat kürzlich bei Sat 1 die "Segel gestrichen"!
So vermeidet Sie den wöchentlichen "Stress"
und wirkt viel ruhiger, sogar ausgeglichen!

BILL (WILLIAM) MOCKRIDGE

"Je oller, je doller" sagt eine Redensart!
Klar, es trifft auf viele Zeitgenossen zu!
Die Zähne zu zeigen?! Lachen ist die beste Art
und das regelmäßig nicht nur ab und zu!

ANDREA BALLSCHUH

Mit elf Jahren schon Kinderansagerin!
Sie hat schnell einen "Draht" zu den Menschen.
Sie lehrt uns, was alle wissen ohnehin:
"Volle Kanne" ist kein Kaffeekränzchen!

FRANZ BECKENBAUER

Als Fußballspieler man nannte Ihn: Kaiser!
Später wurde Er Trainer und Präsident von Bayern!
Heute lebt Er, man könnte sagen: "leiser"!
Als Spieler und als Trainer hatte Er WM zu feiern!

ALIDA GUNDLACH

Nach Radio Luxemburg und Aktuelle Schaubude,
folgten viele Jahre NDR Talk Show!
Eine warmherzige, humorvolle Frau im Grunde!
So eine Gästeliste gehabt zu haben, stimmt Sie froh!

ATZE SCHRÖDER

Er hat eine Kunstfigur geschafft im Fernsehen!
Frisur und Fliegerbrille sind Teil des Charakters.
Er gibt Ratschläge zum richtig fremdgehen,
was uns alle interessiert, meines Erachtens!

SARAH MARIA GRONEWALD

Bewegende Geschichten, Emotion pur,
Hallo Deutschland halt, mit harten Fakten!
Ich habe die Blondine verpasst! Wie konnt´ ich´s nur?
In Mediathek kann man Sie nachträglich betrachten!

GUNTHER EMMERLICH

Er ist Opernsänger und Entertainer,
moderierte Showkolade und Zauberhafte Heimat!
Bambi und Bundes-Verdienstkreuzträger!
Auch als Botschafter der Carreras Stiftung auftrat!

KATJA FLINT

Die lange Liste der Filme mit Ihr wird noch ergänzt!
Sie hat einige Drehbücher sogar mitentwickelt.
Sie wird beeindruckt durch autoritäre Präsenz!
Gepflegte Sprache und Aberglaube ebenso "prickelt"!

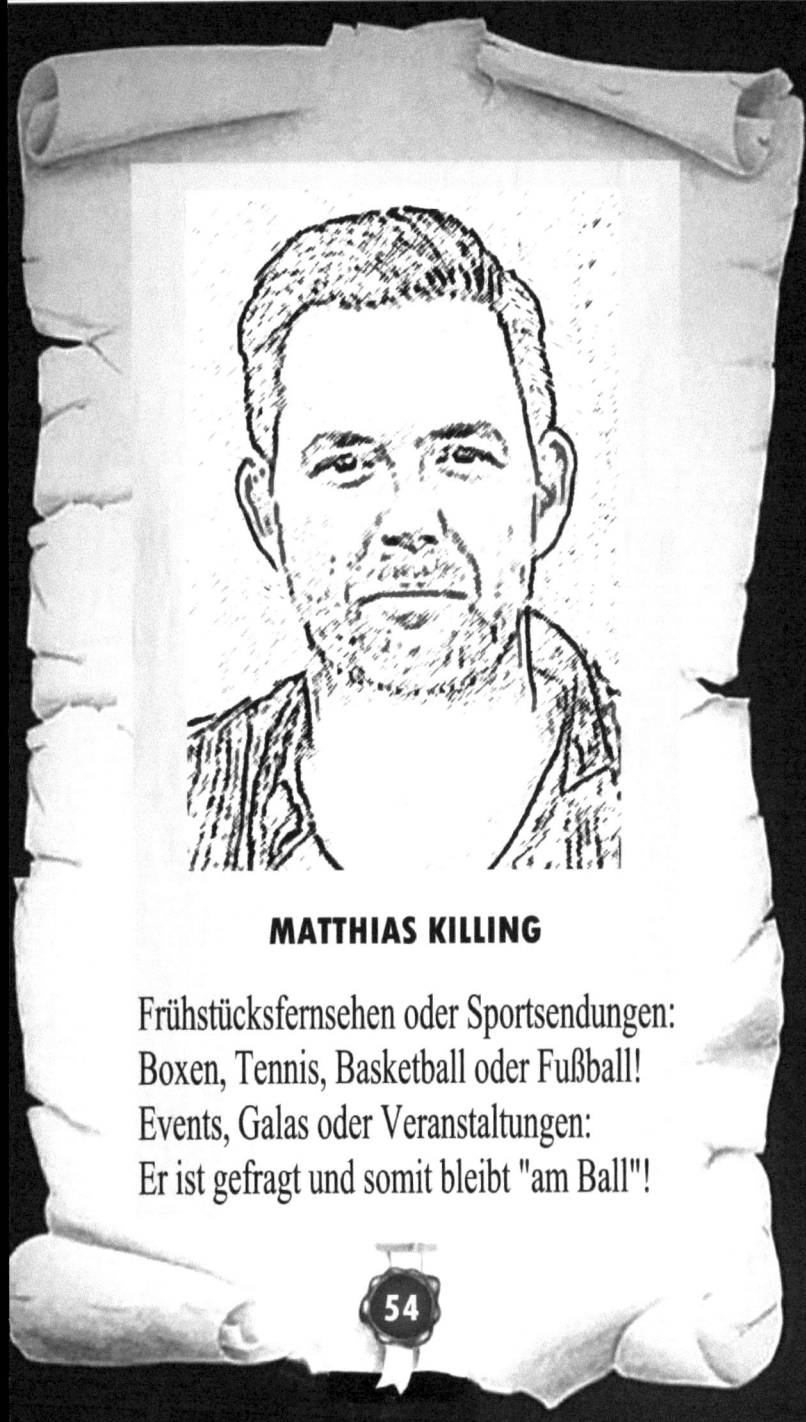

MATTHIAS KILLING

Frühstücksfernsehen oder Sportsendungen:
Boxen, Tennis, Basketball oder Fußball!
Events, Galas oder Veranstaltungen:
Er ist gefragt und somit bleibt "am Ball"!

BIRGIT SCHROWANGE

Rechtsanwalt- und Notargehilfin von Beruf!
Sie wechselte zum Fernsehen in jungen Jahren.
Schlagerparade, Lifestyle führten zu dem guten Ruf!
Als Single, kann sie den "Stress" mit Männern ersparen!

STEFAN RAAB

Fernsehmoderator, Entertainer,
Songwriter, Komponist oder Produzent!
So viele Berufsbezeichnungen hat der "Streber"!
Eins ist sicher: Er macht alles exzellent!

ANNA PLANKEN

Sie wollte ursprünglich Tierärztin werden
und dann auf Menschengeschichten "umgesattelt"!
Das Glücksempfinden kann Sie kaum verbergen,
wenn die Familie sich in Hamburg versammelt!

GÜNTHER JAUCH

Sein Bekanntheitsgrad ist kaum zu überbieten!
Ausgangspunkt ist das Torfall von Madrid gewesen.
Weitreichende Kenntnisse in vielen Gebieten,
ausgenommen die Sternkunde, hab ich gelesen!

BARBARA HAHLWEG

Die Vereinbarkeit von Beruf und Familie,
ist in der letzten Zeit merklich erleichtert!
Viele Verbesserungen auf der ganzen Linie,
haben heute die Möglichkeiten erweitert!

DENNIS WILMS

Einst war er einer der jüngsten Radiomoderatoren!
Danach Tigerentenclub und Wissenschaftsshows.
Ausgestattet mit Mr. Spock, spitzförmigen Ohren,
war er Küchengehilfe bei der Kochschule Polettos!

ANNETT MÖLLER

Millionen kennen Ihr Gesicht vom Fernsehen!
Ihr Herz schlägt zwischen Köln und Berlin.
Sie moderierte einmal Barfuß aus Versehen!
Ihr Traumschloss befindet sich in Schwerin!

INGO NOMMSEN

Erfahrung bei Radio, Film und Fernsehen!
Sendungen mit Unterhaltung und ernste Themen!
Zwischen München und Düsseldorf ist Er zu sehen,
oder woanders, Gelegenheitsjobs anzunehmen!

CONSTANZE ANGERMANN

Sprachen, Journalistik und öffentliches Recht!
Frankfurter "Mädsche" bei der Hessenschau,
Eine Lobby für Kinder im täglichen "Gefecht",
braucht Persönlichkeit! Das weißt Sie genau!

ROLF SEELMANN-EGGEBERT

Soziologe, Völkerrechtler und Ethnologe,
war Korrespondent in Westafrika und London!
Der "Königsfuzzi" führt gepflegte Dialoge,
was dabei rauskommt: ist ein "Talk-Bonbon"!

SUSAN LINK

Geboren in Thüringen, zog Sie nach Wuppertal!
Berufswunsch: Kommissarin oder Anwältin.
Siedelte mit Familie um, nach dem Mauerfall
und nach dem Studium wurde Sie Reporterin!

WIELAND BACKES

Nachtcafe, Ich trage einen großen Namen.
Der "König des Niveau Talks" verabschiedet sich.
Im Schloss Favorite fand Er angemessenen Rahmen.
"In mir lodert noch Feuer" outet ihn sein Blick!

VANESSA BLUMHAGEN

Gute Laune ist eine Lebenseinstellung!
Society Expertin zu sein ist es auch.
Die High-Society in Ihrer Darstellung,
beschreibt ein Bild, zum täglichen Gebrauch!

NICO ROSBERG

Erst Kartsport und dann richtige Formelsport, mit 17 Jahren Formel 1 Lizenz erworben. Unzählige Erfolge und so weiter und so fort, jetzt bei Mercedes fühlt sich gut aufgehoben!

CATHERINE VOGEL

Mit 15 durfte Sie den ersten Zeitungsartikel schreiben.
Dann ging Sie zum Radio und Musiksender VIVA.
Später konnte Sie sich doch für die Kamera entscheiden!
Trotz ansehnlichen Aussehens, wurde Sie nie zur Diva!

WILLI WEITZEL

Ein Fernsehen-Gesicht, aber auch Moderator,
er pflegt bekannte Musikmärchen zu inszenieren!
Die Erfolge beruhen auf einem entscheidenden Faktor:
auf seine unnachahmliche Art zu kommunizieren!

MARIETTA SLOMKA

Schnörkellose und verständliche Sprache,
einst Shooting Star mit der besten Moderation!
Sie fragt hartnäckig, bleibt bei der Sache.
Glaubwürdig mit Sachverstand in jeder Situation!

MICHAEL STEINBRECHER

Ist ein sportaffiner Journalist und Moderator.
Er bezeichnet den Ruhrpott als Heimatpflaster.
Promotion bei TU Dortmund, danach Professor.
Er führt den "Nachtcafe" fort, als Talkmaster!

CORDULA STRATMANN

Bei der Improvisation gibt's keine Erholung,
aus vielen Ideen wird schnell eine ausgewählt!
Im Nachhinein, leider gibt's keine Wiederholung,
denn das nächste Mal mir was Anderes einfällt!

WIM WENDERS

Als Professor, Filmemacher und Fotograf,
blickt er auf eine lange Erfolgsliste zurück!
Mit seiner Stiftung, die richtige Entscheidung traf:
sein Lebenswerk zusammenzuhalten! Zum Glück!

ANJA HÖFER

Seit der Schulzeit wirkte Sie mit bei der Presse.
Später Hörfunk und "Wortwechsel" im Fernsehen!
Beim Studium zeigte Sie für Goethe Interesse.
Im Gespräch mit dem Studiogast sorgt Sie für Aufsehen!

THOMAS GOTTSCHALK

Der "Grandseigneur": Welt und Wortgewandt!
In Sendungen wie Pop Stop, Hitparade und Na sowas!,
führte er lockere Gespräche, wodurch Berühmtheit erlangt!
Den großen Durchbruch schaffte er mit "Wetten, dass..!"

FRAUKE LUDOWIG

Bankkauffrau von Beruf, in den Anfangszeiten.
Zuletzt moderierte Sie "Exclusiv-das Star Magazin"!
Führte Interviews mit berühmten Persönlichkeiten,
agiert als Produktdesignerin und Event Moderatorin!

KAI PFLAUME

Gemäß dem Motto: "Nur die Liebe zählt",
ist er für "Familien-Sendungen" vorbestimmt!
Aus drei Herzblatt-Kandidaten wurde Er gewählt.
Das war der Anfang! Die neue Show beginnt!

BETTINA TIETJEN

Sie freut sich viele Menschen zu erreichen!
Die Rückmeldungen sind durchgehend positiv!
Sie ist Kompetent in sehr vielen Bereichen,
Hat ein sonniges Gemüt! Bei Ihr geht´s nichts schief!

ALEXANDER BOMMES

Als Handballspieler hat er sich durchgesetzt.
Danach folgte Studium und Moderation!
Die gute Laune ist bei Ihm nie aufgesetzt.
Sport, Talk und Quiz ist eine gute Kombination!

BETTINA SCHAUSTEN

Das Gesicht am Sonntagabend bei "Berlin direkt".
Führt Sommerinterviews und Wahlsendungen.
Auch bei unliebsamen Fragen, ist stets korrekt!
Sie "gräbt" nach den Gründen der Entscheidungen!

MANNI BREUCKMANN

Radiolegende, Stimme des Ruhrgebiets,
war zuerst Beamte beim Bundespresseamt!
Anekdoten, Spielersprüche, hier und da ein Witz,
machten seine Sportreportagen interessant!

TINA HASSEL

Geschichte, Germanistik, Politikwissenschaft,
Korrespondentin der ARD in Paris und Washington!
Den Sprung zur Leiterin des Hauptstadtstudios schafft!
Warum? Weil Ihr das zutraut, sagt Sie auf leisen Ton!

CHRISTIAN SIEVERS

Auslandserfahrung zu sammeln ist sehr wichtig.
So kann man die Nachrichten besser überblicken!
Ihn, für wichtige Aufgaben zu berufen, ist folgerichtig,
weil man aus Erfahrung weiß, wie die Leute "ticken"!

SUSANNE WIESELER

Eine der bekanntesten Fernsehgesichter in NRW!
Essen, Dortmund, Köln, Düsseldorf waren die Stationen.
"Ich bin ein echtes Grubenpony" und erkennt es "per se",
ohne abzuwarten eventuelle Gegenargumentationen!

PETER MAFFAY

Als Sänger, Komponist, Gitarrist und Musikproduzent,
ist der Erfinder der Tabaluga sehr erfolgreich!
Vom Schlager zum Deutschrocker war kein Experiment.
Das hat Ihm viele Erfolge gebracht im neuen Bereich!

MAYBRIT ILLNER

Sie ist Journalistin, Fernsehmoderatorin, Autorin,
Fernsehduelle-Spezialistin "par Excellence"!
Über 500 Sendungen führt die Polit-Talkerin
mit viel Kompetenz und achtet auf jede Nuance!

GUIDO CANTZ

Moderator, Humorist und Buchautor.
Beim Kölner Karneval als Redner auftritt.
Wenn man nach Verwandten forscht, sticht hervor,
dass berühmte Namen gibt, auf Schritt und Tritt!

BIRGIT PRINZ

Mit Sondererlaubnis, mit15 Jahren schon Fußballerin.
Die von Ihr vorgelegten Zahlen sind eindeutig:
128 Tore in 214 Länderspiele. 3-fache Weltfußballerin!
Keine deutsche Spielerin hat sie übertroffen! Vorläufig!

THORSTEN SCHRÖDER

Volkswirtschaftslehre ein Hörfunk daneben.
Danach ein "Ausflug" nach Fürstenfeldbruck.
Seit 2000 können wir mit Ihm die Tagesschau erleben
und kommt auch mehr, hab´ ich den Eindruck!

HELENE FISCHER

Musik und Akrobatik, setzt Sie in Verbindung.
Dazu ein Hit! Das Publikum ist "Atemlos"!
Sie schwebt "Unendlich"! Gelungene Mischung!
Eine neue Qualität in der Szene! Zweifellos!

JOACHIM (JOGI) LÖW

Der "Stern aus Schwarzwald" leuchtete spät auf.
Umso heller "strahlt" jetzt auf dem Firmament!
WM und FIFA Trainer des Jahres! Er hat ein "Lauf"!
Bemerkenswert ist auch sein soziales Engagement!

KAMILLA SENJO

Bekanntes Gesicht des Bundesmagazins Brisant.
Sie ist Stärkung für die MDR Frauenriege!
Heute im Osten, MDR um 2 sind auch relevant.
Man sagt Ihr Erfolg auch auf der Sprache liege!

DIETER BOHLEN

Wer kennt Ihn nicht? Den "bunten Hund des Fersehens"!
Seine Sprüche sind bei der Jugend weit verbreitet!
So wie kein Anderer, spaltet er die Nation, zusehends!
Als Produzent ist er auf neue Trends bestens vorbereitet!

NENA

Ihr Künstlername, aus dem Spanischen abgeleitet,
passt genau: denn Sie ist "Mädchenhaft" geblieben!
Sie wurde als Sängerin zigmal ausgezeichnet,
so kann Sie die "Verabschiedung" hinausschieben!

DIRK NOWITZKI

Man kann die Superlative nicht aufzählen
und zudem steigert er noch seine Leistungen!
Aus den "ellenlangen" Erfolgen auszuwählen?
Ist unmöglich! Das sprengt alle Beschreibungen!

ANDREA KIEWEL

ZDF Fernsehgarten und zahlreiche TV-Shows,
Super Illu Kolumne, zählen zu Ihren Tätigkeiten.
Beim turbulenten Zugehen, wirkt Sie atemlos,
doch sie sucht die spektakulären Möglichkeiten!

MATTHIAS OPDENHÖVEL

VIVA, Weck Up, Hast Du Töne, Quiz Show,
sind nur einige der sehr vielen Stationen!
Bei ARD hat er ein "Lauf", neudeutsch "flow",
meistert gekonnt die schwierigsten Situationen!

YVE FEHRING

logo!, Hallo Deutschland, Morgen- und Mittagsmagazin,
sind nur ein Auszug von Ihren zahlreichen Sendungen!
Sie erzählt "neues" über Computern als Moderatorin
und "nano", sind zeugen der Vielfalt Ihren Eignungen!

HAPE KERKELING

Man muss am Anfang die wichtigen Leute kennen!
So kann eine Karriere erfolgreich beginnen.
Man kann nicht alle seine Berufe benennen.
Klar ist: man kann seiner Berufung nicht entrinnen!

Inhaltsverzeichnis

Herstellung und Verlag:
BoD - Books on Demand, Norderstedt
ISBN Nr 9 783738 833764